CÍRCULO *Luna Parque*
DE POEMAS *Fósforo*

PRETOVÍRGULA

Lucas Litrento

9 (intro)
10 sandrinho
13 trinco
15 amoa hi
16 vietcongues
21 vulgo
31 sumonagem
33 mais escuro
34 rodagem
35 No cerco
36 se 6 fosse 9
38 imagem de fantasma
43 SÃO TOMÉ 1953/1595
45 alecrim
46 sopro
47 arrasa-urbe parte 2
48 fugitivos (tema do filme "círculos")
49 obama não é mais
50 ócios do ofício
51 migué
52 máscara

54 o último show de ota benga
55 síncope
56 EXU
64 máscara parte 2
66 PRETOVÍRGULA
73 memória
74 o que vem depois (de castiçal)

77 *Samples*

Presenças, não farei com o mundo minha paz às vossas custas.

Aimé Césaire

(intro)

não se trata de deixar a gira
nem de ser freio de roda
o sol não dança por acaso
antes o cálculo do improviso
a pausa breve

sandrinho

não sou de contar vantagem nem sorte
dei um murro nele e tô aqui pra contar história
tô aqui   vivo   pra contar história
(certo que a gente tinha uns oito anos
e ainda estudava lá no Caic
ele ainda estudava, faz é tempo)
mas tô aqui   vivo

— e três mortos. o responsável pelo massacre, Dom Mi-
guel, é este caboclinho que atende pelo nome de

é o sandrinho, né
pois tenho nada pra falar não, meu senhor
não
tenho não, homi!
cê acha que só porque tá com uma câmera desse tamanho
tem moral pra me fazer falar, é? se saia!

chega aí
chega aí
se eles tão dizendo
então vou fazer

de tudo, pois Maceió vive um verdadeiro inferno
e Satanás tem nome
ou melhor dizendo, tem um vulgo:
é ele, minha senhora, é ele, meu senhor
O SANDRINHO!

parecia um indiozinho
às vezes saía do meio da mata
com um facão trançado
e uma navalha que brilhava
em toda noite de céu limpo e lua cheia
sempre uns urubus rondando a cabeça
bem de longe

[zoom óptico x 2]
o máximo que o celular consegue
o granulado juntando terra molhada
e pegadas dos que passaram antes
de todos que passaram antes
todos os verdes um
até os olhos de sandrinho
[pause]
ele vem pra buscar comida
quem come antes de todos
na grota da alegria

é, pra você ver
quando eu morrer eles vão
achar corpo pra minha cota
defunto pra minha conta, vê só

eu via todo dia
falava comigo quando passava na rua
aqui na rua, nessa rua
sempre brotava ali na esquina,
na boca da ladeira
magro, umas canela fina
arrastando areia

um menino
menos os olhos
os olhos eram de jaguatirica

o pesadelo do sistema não tem medo da morte

pisa no chão de barro e no chão de asfalto
meia faixa de areia, meio rastro na veia
o facho de um fantasma
digo sim, ele é fantasma feito meu filho
que ainda não existe
e meu avô chora sua morte, repete triste
sandrinho teve sorte, sandrinho teve sorte
um raio não cai duas vezes no mesmo lugar
e ele, maestro de si, amplificador de uivos
caiu três vezes e nada mais
ele fez tudo, aquele que come primeiro
ele quis tudo, aquele que matou a todos
ele viu tudo, caiu e levantou três vezes
fugiu pra tudo quanto é canto
abriu mata feito córrego só com seu bafo
de onça, anda no chão de barro
anda no chão de asfalto, faz senda
de sangue com machado singrado

trinco

I

sombra de latidos na encruza
mesmo os cães só costelas
destrua o que não me sobra,
arraste tudo que me pesa

existe a noite, e existe o breu
sussurra de novo a velha poeta
seus cães endossam a ode
grunhidos dentro da cabeça

existe o mantra, e existe o trap
passam bem antes do atabaque
buzinas úberes e motoboys
o frio incrustado no asfalto

sob o cascalho nenhum ídolo
garrafa rosa última oferenda
leva quem passar por cima
é assim que a vida é

um trinco num chandon
atropelado no meio da pista

I

no momento do vidro raspando
os desníveis da avenida, oferenda

outra: um copo americano cheio
de cerveja escapando da mão que

zumbia no ar de uma madrugada
feita pra resolver coisas, como se

o tempo fosse nota de rodapé ou
samambaia de plástico e não essa

boca sem saída que engole todos
os sete e regurgita as sobras sem

nenhuma hierarquia nem desejo
de ordem, mas num sussurro soprado

na orelha: *faça o que eu digo, não
faça o que eu faço*, pois sabemos

desde o dia das nossas mortes
que esse tempo nada diz, é puro

silêncio, nem medida
a mais, nem a curva de um-

amoa hi

corre até a árvore-biblioteca
colhe frutos dos mais verdes
deixe que o vento te assopre
o voo dos pássaros mais velhos

escuta a canção que vem d'água
a que se inscreve enquanto
esconde sangue esconde ouro
turvo esconde no canto seu brilho

entoca o mapa a cinco palmos
toda maré com a mesma crista
longo caminho sem disfarce
aguda margem quando existia

raiz afunda e rasga o mundo
amoa hi   yggdrasil
ergue muralha qualquer uma
nação só é coisa de quem morre

vietcongues

I

somos um ônibus lotado de pânico
nossa garganta enfileirada é quente
feito a soma da cor dos nossos filhos

os penas de pássaro os dentes de urso
com acessos de raiva o descarrilamento
e o tronco maciço antes de ser ponte

qualquer seiva basta uma nós somos
não sei mais dizer sozinho esse poema
anda entrelaçado noutro chão batido

essas pegadas que também são minhas
digitais manchadas são minhas vozes
revezam o grito enquanto marchamos

nosotros vietcongues e todas as folhagens
que os cobrem todo o verde antes de ser
o verde das folhagens que os cobrem

II

como partícula de um fio de cabelo
o mesmo riso no canto apesar
das roupas gastas serem outras
eram do mesmo galho os cupins
nos culparam pela fratura no norte
da casa puseram em pratos nossos nomes
rachados também os profetas mal sabiam
que a estrada seria partida no meio
a cada volta um chamado se fazia de prece
tapando as arestas das nossas paredes
único vão no ventre de um navio
quando atracam ventania não sobra
e a brisa não mais que uma velha cativa
intragável o ar no início
muito menos agora fabricado
o ruído se espalha em cada fogueira
apagando a brasa que antes nem a chuva
assim chegaram os vumbi
rastro de mineração incinerado nos peles
de pólvora línguas de lodo cortam o rio
que nos une marcando os limites desses trilhos
pálidos dessa ponte rasga-horas
cai outro monte quando eles passam o tempo
trinca as formigas secam outra vez fumaça
é disso que nos livramos quando a sincronia
dos hálitos se entende enfim marítima

III

isso que nos entoa
se alguém quiser nomear
é tudo que nos afasta
da metalurgia sanguinária
é o que faz do coração
um órgão desprogramado
é quando abraçamos as bombas
com o afago recém-nascido
e embrulhamos a morte
o único destino do inimigo

IV

será que um dia essa guerra termina
perguntam os mais vividos

uns dizem que a paz não é mais que lenda
se afastam com a rapidez dos insetos

outros desistem dos coldres
e sonham com jardins autômatos

nós deixamos a coletiva de imprensa
nas mãos do vento

V

com o fim do eclipse
nascem pontes de vidro
cada passo será duplicado
o vulto de uma lança
é outra lança
bach long jogo espelhado
ilha de edição
somos o que nos fizeram
somos o que somos
esse corpo estilhaçado
essa primeira artilharia

vulgo

I

eu disse pretovírgula
e preto era o vulgo do último nó, ou quem sabe
a sombra da partilha das rimas, preto era eu aos quinze
a vírgula presa nos dentes aparentava se quebrar

como os fios dos cabelos se espalhando na plantação
de algodão eram tuas mechas. pretovírgula, ainda é assim
que te chamam naqueles caminhos?

II

pois há um nome guardado
entre as vestes de areia há um
nome guardado em ponta de faca

talvez ecoe antes dos cânions
uma rachadura já te disse
há de seguir o agouro dos avós

nada nas mãos além dos sprays
a beijar essas assinaturas com fogo
inadiável, como uma bala destinada

III

uma volta do sol e a constelação já é outra
um rei prometido uma pilha de vagalumes

amanhã serei o riso de uma hiena sem meias
hoje me apelidam com o zumbido das moscas

seguirei teu conselho sussurrado
se nomeie antes do verão

IV

se de uma semicurva te chamassem
o eixo em nada enraizado
graves sobre o giro dos teus arcos
a partir do dorso se espalhariam

é deslizar no tempo deles
no teu tempo: o de caramujo
anzol de uma palmeira

achei na vírgula o único mapa
desse trajeto empenado
a única forma de alicerçar

V

correr atrás do galho partido no meio
é possível achar o apelido do teu velho
em voz alta praquele dia voltar
faremos um inferno de novo

VI

ao gritar o retorno do primeiro temporal
o rebordo é íngreme; a grafia escassa
só aguenta se com os dois pulmões for chamada
essa voz calcificada é uma ponte
onde no lugar de ferro, fincaram tabuletas
anteriores à invenção do balbucio
como nossa língua materna

VII

quem sabe eu te descubra à deriva
ninguém o raivoso em miragem
se a luz deixar ouvir o excesso
ou então não
quem sabe eu te espalhe nos olhos
angústia em último caso

VIII

o esforço da penumbra
ouvir tua fuga

de tanto repetirmos
som que virou manto

mortuário
saída

e agora
não achamos

a cova
o monte

cai
recai

o assobio
até agora

IX
(cinema negro)

não importa a luz que escorre do beco
confundiríamos com mágica
se cinema não fosse   assim tão negro

voltas por segundo sem formar resposta
cozinhar o prato é o que se recomenda
não o alimento   mas o círculo

é no globo do olho que se esconde
o verdadeiro sotaque do teu nome
um filme pirata   sem ficha técnica

X

ser multinomeado é estratégia de drible
o alto-falante engata no mesmo urro
como olhar pro céu e não dimensionar
a profundidade dos ossos presos no lençol

sumonagem

nesta gruta cadavérica
o som do galho partido
qual o barulho que ela faz
teu nome em meu nome
ar de assombração

      onde se esconde a pronúncia
      miragem não antes atalho
      nessa via espiralar (é
      tudo pra invocar) é
      tudo pra invocar
      a família
      toda

nó peninsular escuracerteza
pra mapear uma semibreve?
é preciso ir além das palmas
sem perder o momento exato
de pausar um pouco a voz

é nessa hora que invocamos
raízes ventos do leste um cão
o último dia dos nossos homens
espectros mil filhos uma ilha

se o eco nos devolve de toda sorte
sumonamos mais uma vez
sem timbrar papel de batismo

primeiro a treva
pois nada aquém do contraste
depois uma cantiga
conhecida por todas as crianças
[
                    ]*

erva bruta
é toda palavra que faz nascer
também feita de martírio
onde nenhum coágulo serpenteia
e tudo é desenhado antes do último ponto

* A cantiga não sobreviveu ao tempo, mas hoje seu ritmo invade
  canções de batalha.

mais escuro

no breu as paredes não têm cantos
abruptas, de uma só concavidade,
feitas com o rizoma boca-a-boca
de quando chegam os acaba-festa

como as esquinas de um mocambo
oficina do tempo medindo escapes
passe de qualquer corpo azulado
destino de toda ideia sem cheiro

não me enxergo na luminescência
eu que um dia abracei os flashes
enxerto outra fonte que não a rês
nas sobras dos olhos marinhos

no rastro de outro aroma preso
quando não mais a cavalaria
viaturas me jogam à obscuridade
em carne viva, suor da pura noite

supor ser engolido pela ausência
crer que os poros se denominam
açoite neste pós-crepuscular
agulhas tracejadas no grau zero

rodagem

ogum vem ou não vem logo assim virá
cedo ou tarde espalhar brasa de correr

germinar refeição vir a ser forja
matagal de outra cor nunca mais cresceu

segredou ao vulcão pretovirgular
quando vir matará preço de viver

já banhei meus irmãos falta o céu quebrar
rechamei pra lembrar guerrear valeu

ogum vem ou não vem logo saberá

No cerco

desvelo a brecha camponesa com mãos de sineiro
o ritmo de amolar facão me preenche
brisa arrodeada ante os moldes da cabaça
meus pés caminham noutra sina temporal
sobre o mesmo chão disputado
A gira que antecede a guerra nos faz
assassinos por afiarmos as arestas deste círculo
Amanhece e estamos prontos
agora também sou um anjo
partimos levando toda cartografia acumulada

se 6 fosse 9

basta um fio d'água pra desenhar o mesmo par
no precipício ainda se monta o rastilho da quebra
mas nada disso faz valer o abraço de um ruído
no escuro não se distingue a cicatriz da dobra
talvez um corpo fraturado não precise de bússola
é o que se mostra meio errante meio fantasma

descasca a pele diferida de um membro fantasma
talvez dos pés pari passu o vai da valsa sem par
perdida no salão chora a charanga náufraga bússola
sem o céu por testemunha reza tua língua de quebra
se procela anunciada vir do sete-estrelo não dobra
cabeça rastro de zero corre moleque sem nem ruído

o que em nós se replica selvagem não cede ao ruído
recontam no mantra a moleira vermelha do fantasma
sob o sopro da errância barco vil nenhum se dobra
apesar de tanta dança um duplo só não forma um par
se aqui tudo é mistura rezado baixo ainda se quebra
trégua bandeirada só rumando ao fim da bússola

ziquizira pé na gira só vai nem que a bússola
dê de ré ao sul da curva um pássaro de ruído
assombre suas asas sobre nós a régua quebra
na mão pesada de um caga-regra esse fantasma
que a má versão diverte divergir caçando par
a quem por se dizer da mesma vagem dobra

desossado ou mal montado tudo vai fechar em dobra
feito luz de pétala intacta rumo à pedra chama-bússola
juntos pelo assombro sopram coragem num par
o desejo que o bando faça do cântico um ruído
é maior que a distância entre a sede e o fantasma
quando ensinam aos novatos o passo firme de quebra

se pega a laço feito burro chucro a paz se quebra
debrum a perfazer a volta em volta inçar a dobra
dos lençóis puídos de alvejar brancarana fantasma
que se não souber se perder doe a doída bússola
e lance dentro a mata escura gargalha sem ruído
não deixa por dizer indústria de sereno e deixa a par

que par não sendo junto é justa a quebra
e se houver ruído aqui não se desdobra
barqueiros sem bússola pretovírgula fantasma

imagem de fantasma

imagem (1)

Esperando o sinal vermelho, uma imagem sem idade paira ao seu lado. Nenhum calor a acompanha, nem efeito sonoro. Há uma transparência que o faz ver além, ainda assim não é uma silhueta. Somente uma imagem aproveitando sua falta de luz; talvez escondendo cabelos quebradiços, ou ferimento de bala. Uma armadura dourada duplicando seu peso, um sorriso convincente. A imagem oculta o próprio peso, como se dobrar um véu fosse possível. Nos dias em que se guardava num corpo era fardo maior; a imagem se arrastava entre as beiras da mata. Agora é vagante, livre das cordas apertadas (feito o ato de respirar há muito esquecido). Sem tirar o olhar do semáforo, é com o canto do olho que observa; o verde ainda permanece. Talvez na presença da imagem o tempo se estude; tipo alguém que junta um pouco a cada dia no canto da parede até que algo aconteça. A imagem agora, como quando não tinha corpo onde se hospedar, quando todas flutuavam e não existia palavra que simbolizasse o ato de firmar os pés no chão, antecede um forte desejo de ser vista; mal sabe ela que está sendo, por um olhar sorrateiro, atento, por um olhar rasgado, semitransparente. Parte desse olhar começa a sair da morada; se amontoa no lixo invisível, gruda noutra pele.

imagem (2)

o eco de michael myers e as penas brancas da arara têm
o mesmo peso

imagem (3)

isso não vai pro tiktok
é o passar a vista a olhadela
sem viralizar é o vir à página
um ancestral nas suas costas

imagem (4)

ele diz:
— até fazer do mundo meu espelho
(tal-vez)
e depois quebrá-lo,
(como se fosse possível)
sentir o gosto de sangue
(para um fantasma)
pela última vez.
(não é)

imagem (5)

antropoceno
palavra tão bonita

se cair de novo este céu apático
qual será a cor do pôr-do-sol amanhã

não se esconde mais nenhum verso
no ar soçobram cânticos vestígios

de seda caixotes de máquinas
vê só a constelação de papagaios

indo embora indo embora
ouve quanto sussurro

SÃO TOMÉ 1953/1595

o vasto que será chamado de atlântico
       (todo ele à nossa frente)
em algum momento caudaloso
em algum momento cemitério
       (todo ele à nossa volta)
regurgita nós enfileirados
num rascunho de ordem ditada pelo medo

o administrador ordena
cada um deve pegar uma bacia, respeitar a fila
não espalhar areia branca entre as ondas
esvaziá-las
jogando — com toda a força — além das dunas
enxugar do azul o sangue de amanhã
e o suor de ontem
expulsar os restos

mil bacias ao mesmo tempo
atiram um pedaço do mar
na praia de fernão dias

o arquipélago é um ensaio
ou a tentativa de um código binário
onde só os zeros só os zeros
onde só os zeros pendem ao infinito

oceano de cacho nas costas
um par de dundum na cabeça
o mesmo mar a mesma morte
a saída é pelo corre   *é pelo corre*

pra trás coroa cetro falante
por trás os dois punhos cerrados
à frente o verde oliva tapete virgem
a saída é pelo corre   *é pelo corre*

o choro dum forro paira aceso
artesão o vento traz ferrugens
pétala de raiva ilha breve
a saída é pelo corre   *é pelo corre*

gárgulas maldizem nossa herança
cercados num berço de motins
índigo lamento rege a prece
a saída é pelo corre   *é pelo corre*

alecrim

herdamos a fúria que sem preço
nos preenche

deixamos de andar descalços pois
tememos a mata

secamos a água que nos faz
antes da pele

esquecemos
como cruzar lanças?

que volte às cabeças num zumbido
chá de alecrim na xícara quente

única flecha
rodeando sentença

sopro

para que um dia
e lá o haja
bandeira também seja de barro
a melodia que se encerra nas copas
brotará de um peito dissonante
silvo que somado ao assobio dos rifles
e ao disfarce de cobra com nome de rio
feito hino nacional
será dançado por todos
para que se diga sem dizer uma palavra

arrasa-urbe parte 2

volta o revoga-massacre
desmonta a véspera do quebra

convida ao redor do fogo
rimadores do fim nunca adiado
dançam a vitória antecipada
com a certeza firmada no passo

maceió não é mais cidade pequena
foi-se o tempo das raízes
tudo se mostra pois nada se vinga

fugitivos (tema do filme "círculos")

em algum ponto no tempo
eu teria beijado suas cicatrizes
fechado o mapa nas suas costas
se fôssemos um pouco mais rápidos

todos os dias a sua respiração
enquanto cruzamos a mata
rumo a Palmares
os helicópteros ao fundo

há essa trilha cercada por palmas
vem de lá vem de lá vem
vem de lá vem de lá vem
o último refúgio

seu afago os meus ombros
há essa trilha e corremos pra lá
seu afago os meus cílios molhados
há essa trilha que percorremos

desde a primeira vida fugitivos
há essa trilha marcada de giz
na lentidão desses olhos
desde cedo fugitivos

obama não é mais

se o rótulo das antiga ainda vale
você é nóis até destruir de novo
até quebrar mais um que nem um
tu, o colecionador de fumaça

a escolha é certa
cheia de malícia
vender vocês
pra vocês mesmo

a fresta é mais que atalho
ela canta quando cê me usa
de aquiles não a minha ira
já engatilhada na atividade

não tem reflexo entre nóis
nem faixa de retorno
tu que me é só na superfície
solta a voz (se mostraí)

virasse um engolemundo
dos meus já não é faz tempo
dessa geografia eu bem entendo
nem sempre gruda na pele

ócios do ofício

ando com pre-
guiça disso tudo. com pre-
guiça de ser negro,
dessaprensa.

areia move-
diça disso tudo. com pre-
guiça e é só uma vírgula
que te peço.

só uma, katulô.

migué

desdobreiro, me olho de viés
esfumaçado é o meu contorno
não respondo a nenhum vulgo
mais de um véu por inteiro
mas pra vocês, sujeito menor
vagabundo nato e sujo é certo

os da família vão me entender
do que adianta andar na linha
somos capoeiristas fora do eixo
das benzedeiras, revendedores
ladrões de túmulo às saliências
guiamos o sul da cama posta

meus documentos já caducaram
se epigramassem o quinto verso
num samba-enredo me imitariam
uma legião de acorrentados
queimando a canção de trabalho
depois do agá, sobrevivência

mas pra vocês, sujeito menor
ladrões de túmulo às saliências
queimando a canção de trabalho

máscara

uso esta máscara
como uma vírgula
afinada
partilha de outro musgo
ainda uma ilha

uso esta máscara
feito a segunda pele
de vidro
epígrafe do meu túmulo
alvifluorescente

uso esta máscara
desde a circuncisão
do meu nome
pétala de um cometa
terraformado

uso esta máscara
na coreografia
desse palco
manivela da revolta
dígito exato

posso ser hidetora
quando salta aos olhos
o horror da definição

posso ser exu
riscando outro caminho
ao redor das bordas

posso ainda ser mais alvo

o último show de ota benga

mas eu posso escolher não posso
sonhar com a morte do reizinho
devolver o choro às seringueiras
crepitar a fogueira que me rende

mas eu posso escolher não posso
cozinhar a sopinha dos macacos
com os ossos refazer cenografia
costurar nas duas mãos a letra m

mas eu posso escolher não posso
gatilhar perguntas nessa lâmina
sincopar sem gritos tal elegia
ter dentinhos feitos de marfim

síncope

nasceu entre a rachadura de um vaso
sombra não cabia em mil espelhos
desde menino vivia na brecha
respirava a véspera da síncope

EXU

no centro da encruza

outro pássaro morto

arremesso uma pedra

no centro da encruza

I

exu me deu um abraço
caminho caminho caminho
quantos braços
formando outro braço
estendido pro abismo?

II

uma voz várias vezes
uma voz várias vezes
feito bússola dentro do sopro
tipo música dentro do corpo
uma voz várias vezes
uma voz

III

a repetição da roda
só sabe onde termina

a porta giratória dos bancos
sempre trava a origem das ondas

IV

repetir o ponto
esperando que desçam
com perguntas

repetição,
acabe em acalanto

queda,
nunca me derrube

V

caminho
caminho
caminho
acabe em
acalanto

VI

vermelho e preto nas costas
a coluna em dobras
estrala

VII

a repetição da roda
é um sample
váriasvezesumavozváriasvezesumavozváriasvezesuma
cheio
todos os seus nomes ao mesmo tempo

máscara parte 2

o rabo do rato
rápido demais
para ser visto
no largo convés
também é uma vírgula

a moeda de ouro
golpe de sorte
ou tinta no dedo
fechando um negócio
também é uma vírgula

o nó na garganta
martelo quebrando
a desistência do rei
ao chover suicídio
também é uma vírgula

o terno passado
do malandro sutil
esticando a mão
quando afia a navalha
também é uma vírgula

habitar o outro
a pele seca
a roupa suja
experimentar o róseo amargo do licor
homens correndo

cordas e machados
leite e capim
no sonho do avô morto
o menino corre o tempo inteiro
em colapso
máscaras
embaraçam criaturas minúsculas
na ânsia do tempo
e na ternura da gengiva sangrando
mire no olho do corvo
a curva a esquina o verbo

PRETOVÍRGULA

o banzo vem do berço
uma gaiola
o balançar das ondas
deixa dormir deixa dormir
    não deixa deixa dormir
deixa

continua escrevendo esse refrões como se nada mais importasse e o tempo não passasse enquanto o mundo permanece girando na mesma trilha de sangue na mesma rinha de galo no mesmo toque de caixa na decomposição eterna

não são refrões, são
linhas de um rio linhas de soco
linhas de olhar
uma flecha
abrindo cratera numa cachoeira
invocação

memória
é tudo que canto
desde a primeira na pré
até os parênteses fechando agora
cabe numa só nota
dentro do mesmo traço

mas por que fugir de um papo com uma ideia mais certei-
ra será que tu precisa arrodear tanta ladeira e se escolher
a voz de um púlpito de súbito o brilho do néctar mas por
que tanta dança se não adianta balançar

escolho bulir essas congas
quero o grito desse jeito
antigo

se eu quiser
abrir caminho no meio de um lago
ninguém se molha

se eu quiser
fechar atalho pro zomi não vir
cresce até folha

se eu quiser
me vestir todo de preto
sem assombrar alma penada

ser o vulto dos que ainda
não morreram

se eu quiser me dar um nome
eu dou

vou chamar de mantra ou ponto não leve a mal vou chamar de tentativa vou chamar de hino mas sem nação de improviso na chuteira de jazz fusion me diga me diga vá como você quer que eu chame sua arte enfim qual o seu mais novo nome

se nem a morte é ponto final
me chame pretovírgula
pretovírgula mais uma vez

       (um refrão é um solo de sopro
       rompe o surto de um salto
       como um resto de sede

se nem a morte é ponto final
me chame de pretovírgula

       também são cacos de copos
       ou uma fenda de costas

       um refrão é um corpo de cacos)

pretovírgula mais uma vez

memória

um plural a menos esvazia esse ônibus
   saltam as pipocas antes pestilência
todo o itinerário já decorado a torto
   e ao direito de ser solto, talvez
caiba na palma da mão, essa tragédia
   ao passo que até aqui nos destruíram
os senhores e as senhoras, até aqui
   nos castigaram

o enigma não é a falta de um nome
   mas a clareza na existência de poucos
o que vier não é lucro nem malícia
   mais fácil a ode ao passado, suas voltas
(toda árvore também é mapa de família)
   justificar o que se desenha na penumbra
é exagero juvenil, peço à imprecisão
   que nos livre da humildade

o que vem depois (de castiçal)

não é a canção somente ela
mas o silêncio que vem depois
você vai estendê-lo de propósito
pelo tempo que for necessário
o arco das sobrancelhas é o aviso
de quando parar. cuidado com o desejo
de não ouvir mais nada
mas ó

        [a imagem de uma sombra ainda viva
        pisando com cuidado no meio do sol
        rasteja e não escuta os próprios sulcos
        mas distingue do som do bafejo
        o tímido fluxo de um fio d'água]

depois tudo fica mais sonoro
mais audível (nesses termos)
tudo fica mais e mais depois
tudo fica assim: delinquente

com tudo quero dizer: depois do som
o silêncio que nasce e só você o quebra
refazendo as últimas notas sem nomeá-las
nem conseguir montá-las na palma da mão

depois a inauguração de uma floricultura
ou do novo lençol freático
cobrindo toda a cidade intocável

uma orquestra acompanhando seus passos
como se no meio de um musical colorido
colorido até demais
(sei que você gosta
agora mais ainda depois da descida
de uma nuvem quase invisível)
uma inundação

> [numa casa feita com esses acordes
> cabe tanta gente
> se dissolvem no meio de todos
> que pisam o assoalho de vidro]

tudo depois dos seus olhos
e da marcação do pulso
um solo meio fora
um ataque antes do tempo
porque é assim ao atravessar a rua
ou quando nasce um bebê
cantam antes de chamá-lo

> *algo me diz que amanhã*
> *a coisa irá mudar*

Samples

sandrinho [p. 12]
"(...) O pesadelo do sistema não tem medo da morte", verso de "Eu Sou 157" do álbum *Nada como um dia após o outro dia* (2002), Racionais MC's.

trinco [p. 13]
"(...) A rebentação não ergueu a sua voz; mesmo os cães só costelas (...)", verso de Derek Walcott, de *Omeros* (tradução de Paulo Vizioli, Companhia das Letras, 2011): – cap. 1, parte I.

"Existe a noite, e existe o breu. (...)", canto V do livro *Do Desejo*, de Hilda Hilst in *Da poesia* (Companhia das Letras, 1ª ed, 2017).

vulgo [pp. 21-30]
A partir de Derek Walcott.

No cerco [p. 35]
"(...) Eu também sou um anjo", música "Charles Jr.", do álbum *Força Bruta* (1970), de Jorge Ben.

imagem de fantasma [pp. 38-42]
Com e para Apichatpong Weerasethakul e Davi Kopenawa Yanomami.

sopro [p. 46]
A partir de Julio Cortázar.

ócios do ofício [p. 50]
A partir de Catulo e Safo.

máscara parte 2 [pp. 64-5]
Parceria com Richard Plácido.

o que vem depois (de castiçal) [pp. 74-5]
Em memória de Cassiano. Com e a partir de "A casa de pedra" e "Castiçal", do álbum *Apresentamos nosso Cassiano* (1973), e "Coleção", do álbum *Cuban Soul: 18 kilates* (1976), de Cassiano; também na música "Eu te proponho", do álbum *Cores e Valores* (2014), com Racionais MC's.

Copyright © 2023 Lucas Litrento

Este livro foi escrito com apoio financeiro do Governo de Alagoas, através da Secretaria de Estado da Cultura, via Lei Aldir Blanc, direcionada pela Secretaria Especial da Cultura do Ministério do Turismo, Governo Federal.

Todos os direitos reservados. Nenhuma parte desta obra pode ser reproduzida, arquivada ou transmitida de nenhuma forma ou por nenhum meio sem a permissão expressa e por escrito da Editora Fósforo e da Luna Parque Edições.

EDITORA CONVIDADA Bruna Beber

EQUIPE DE PRODUÇÃO
Ana Luiza Greco, Fernanda Diamant, Julia Monteiro, Leonardo Gandolfi, Mariana Correia Santos, Marília Garcia, Rita Mattar, Zilmara Pimentel.

CONFECÇÃO DA MÁSCARA Gessyca Geyza
REVISÃO Gabriela Rocha
PROJETO GRÁFICO Alles Blau
EDITORAÇÃO ELETRÔNICA Página Viva

Dados Internacionais de Catalogação na Publicação (CIP)
(Câmara Brasileira do Livro, SP, Brasil)

Litrento, Lucas
  Pretovírgula / Lucas Litrento. — São Paulo : Círculo de poemas, 2023.
  ISBN: 978-65-84574-33-5
  1. Poesia brasileira I. Título.

22-128859   CDD — B869.1

Índice para catálogo sistemático:
1. Poesia : Literatura brasileira   B869.1

Cibele Maria Dias — Bibliotecária — CRB-8/9427

CÍRCULO DE POEMAS *Luna Parque Fósforo*

circulodepoemas.com.br
lunaparque.com.br
fosforoeditora.com.br

Editora Fósforo
Rua 24 de Maio, 270/276, 10º andar
01041-001 - São Paulo/SP — Brasil

Você já é assinante do Círculo de poemas?

Escolha sua assinatura e receba todo mês em casa nossas caixinhas contendo 1 livro e 1 plaquete.

Visite nosso site e saiba mais:
www.circulodepoemas.com.br

Este livro foi composto em GT Alpina e GT Flexa e impresso pela gráfica Ipsis em novembro de 2022. Vibrar para acolher e irradiar as esferas multivocais transmeáveis — eco, encruza e dádiva.

A marca FSC® é a garantia de que a madeira utilizada na fabricação do papel deste livro provém de florestas gerenciadas de maneira ambientalmente correta, socialmente justa e economicamente viável e de outras fontes de origem controlada.